83697217R00084

Made in the USA
Middletown, DE
14 August 2018